諷詩調詩集 · 454

언어의 투창 · 비수 · 방아쇠로 감행한
시의 복수 · 2

박진환 제502시집

지성.감성의 메타언어
조선문학사시인선.955

諷詩調詩集 · 454

언어의 투창 · 비수 · 방아쇠로 감행한
시의 복수 · 2

조선문학사

■ 책머리에

시집 500권 출간 후 천천히 여유를 누리면서 쓰고 싶었고 또 그렇게 다짐했는데 욕심이랄까, 내친김에랄까, 씌어진 대로 더 묶어내기로 했다.

시집 제목을 『언어의 투창·비수·방아쇠로 감행한 시의 복수』로 정했다.

시하면 정서적 환기와 함께 묵시적 이미지가 제시돼야 하는데 시집 제목이 환기시키는 이미지는 투창이니, 비수니, 방아쇠니, 복수니로 악마적 이미지가 제시됐다.

이러한 악마적 이미지의 동원은 기실 개선의 의도나 악의 교정을 위해 선에 이바지하기 위해 감행한 복수이므로 시쳇말로 다다익선, 많을수록 선에 이바지하는 것이 되어 사회적으로 유용한 것이 된다고 보고 또 믿고 있기 때문이다.

시의 복수가 악의 교정과 선에의 이바지를 배후에 지니고 있듯이 시의 복수는 외견상 악마적 이미지를 제시했지만 그 배후에는 선에의 이미지가 들어 있다.

시는 '무엇을 쓸 것인가에 선행, 무엇을 '어떻게 드러낼 것인가를 중시, 시법이 요구하는 여러 레토릭을 동원했다. 그중에서도 형이상시법인 컨시트·양극화·펀·원인적 비유·순수한 통징 등을 주로 구사했다. 기존의 레토릭에 관심, 시에 접근해 보면 타성으로 쓴 시와는 확연히 이질성이 드러날 것으로 본다. 그래서 친숙성이 배제돼 매우 생경한 비친숙성의 것들이 전진 배치되었음을 알 수 있을 것이다.

  풍시조는 정신 본질인 컨시트와 함께 '순수한 통징'을 표현 본질로 하는 언어미학이다. 이에 충실하고자 했고, 이에서 출발시킨 시가 풍시조라는 점을 밝혀둔다.

2025년 초춘
저자 쓰다

박진환 제502시집 / 諷詩調詩集 · 454

시의 복수 · 2

차례

책머리에 / 5

2024년 10월 19일
둘 다 패자 / 13
동맹값 한 것을 / 14
외외탕탕(巍巍蕩蕩) / 15
'맞지 않는 옷 벗기'인 것을 / 16
왕의(王衣)라 했던데 / 17
입고 있을 수밖에 / 18
영웅들이여 / 19
→ → → 죽음 / 20
접는다 / 21
없지 않다 / 22
더럽힌다 했던가 / 23
신앙이었다 / 24
신앙은 모든 힘의 일체라 했던가 / 25
미치지 못하지만 / 26
힘이 건강 아니던가 / 27
이러하지 않던가 / 28

견자인 소이다 / 29
신뢰하기 때문이다 / 30

2024년 10월 20일

쓸 계획이다 / 31
시작(詩作)의 기점이다 / 32
최선의 것이 돌아온다 했던가 / 33
자화자찬 일삼아서 / 34
다짐하고 싶은 말들이다 / 35
새기고 또 새겨본다 / 36
보법(步法)을 익힌다 / 37

2024년 10월 21일

지구 자체가 위험지대여서 / 38
정치란 게 관심 둘 필요 없어서 / 39
끝났어 / 40
거지 같아서 / 41
노래라도 불러야 할 듯 / 42
등식이어서 / 43
세금이어서 / 44
어떨지? / 45
눈앞에 있는데 / 46
코리아여서 / 47
눈이어서 / 48

해싸서 / 49

2024년 10월 22일
승(勝) 안겨줄 수도 / 50
여사 눈 위에 있어서 / 51
↓↓↓ 상기시켜서 / 52
들릴 듯 / 53
저리 가라 / 54
불행이 어리석은 댓가인 걸 / 55
OK여 / 56
시점(視點)이 안 맞아서요 / 57
한두 차원 높아서 / 58
허사 아닐 듯싶어서지 / 59
힘내라 힘내라 / 60
되레 불씨만 키운 격 같아서 / 61

2024년 10월 23일
돌이 도망치지요 / 62
따라오는 것을 / 63
지혜여서 / 64
고집 같아서 / 65
돌석자던가? / 66
보(洑)로는 못 막아 / 67
불승분노 떠올리게 해서 / 68

끼이기라도 잘해야 / 69
특허품 감 / 70
보도(寶刀)로 쓰고 있어서 / 71
독물이어서 / 72
더 할 말 있겠나 / 73

2024년 10월 24일
것이어서 / 74
바위 굴릴 듯싶어서 / 75
돌을 맞다니 / 76
그런 것이어서 / 77
운명 함께할 수도 / 78
하, 3데라니 / 79
김건희 블랙홀에 빠진 이 / 80
날마다 커지는 구멍 / 81
파국의 함정인 것을 / 82
가득 찼음이지 / 83
도망쳐 버리지 / 84
신문을 도배하기 시작한다 / 85
제공됐으면, 축하만 말고 / 86

2024년 10월 25일
그뿐 / 87
봄소식은 아닐 듯 / 88

그래서였구나 / 89
안 될지? / 90
상식이어서 / 91
아이고 / 92
헛발질 재촉해서 / 93
사계(四季)가 있겠나 / 94
미적 가치는? / 95
거꾸로 돌려볼 만 / 96
맞춰져 있어서 / 97
산도 강으로 읽어서 / 98
싸움판만 벌여서 / 99

2024년 10월 26일
탓하지 마시게나 / 100
창조주 탓할밖에 / 101
신 같아서 / 102
힘이어서 / 103
힘없는 놈의 지혜거든 / 104
지혜에 앞서는 것을 / 105
더 큰 지혜가 아닐지 / 106
체병시대여서 / 107
옛날이여 / 108
썩어 문드러져 가고 있어서 / 109
인간 몫은 지옥이어서 / 110

지옥이 더러워서야 / 111
만들어서지 / 112

■ 시집 평설을 대신해서_諷詩調에 대한 사계의 견해

三行詩의 안팎_문덕수 / 113
知的調律에 의한 시 意味의 密度와 結晶度_성찬경 / 122
諷詩調의 깃발과 風向_김용직 / 128
박진환의 3행 '諷詩調'에 대하여_최원규 / 131
풍시조 읽기_문효치 / 136
諷詩調에 나타난 형이상시법의 수사법_최규철 / 140

2024년 10월 19일

둘 다 패자

윤·한 독대서 '김건희 문제' 결단해야 했던데, 독대 결과에 따라 두 사람 용도 되고 아무기도 되고, 승자도 되고 패자도 될 듯
김건희 문제 한 요구대로 되면 둘 다 영웅, 결렬되면 둘 다 패자

동맹값 한 것을

우크라에 북 파병설 두고 우려의 목소리 높던데, 미가 이스라엘 뒤 봐준 거나, 북이 우크라에 파병한 것이나 동맹이란 틀에서 보면 하자 없어, 그럴 때 쓰자고 동맹한 것이니 동맹값 한 것을

외외탕탕(巍巍蕩蕩)

대통령의 거부권 행사를 두고 '위헌 법률' 누가 심판하고 선언하는가
했던데, 누구일까? 지금까지 대통령이 행사했으니 대통령? 아니다
헌법재판소다, 헌데 헌재 판단도 거부하는 대통령의 외외탕탕

※ 외외탕탕(巍巍蕩蕩) : 지엄한 왕도

'맞지 않는 옷 벗기'인 것을

'윤대통령은 자기자신에게맞지않는옷을 너무오랫동안입고 있었다'데 하면서 '국민은물론 대통령부부에게도 불행한일' 했데, 그걸몰랐었네 대통령본인도, 국민도 행복할수있는조건이 '맞지않는 옷벗가'인 것을

왕의(王衣)라 했던데

맞지 않는 옷은 폼도 안 나고 불편한 것이어서 벗어버림이 상수
하물며 도착의상이면 어찌불편함을 이겨낼 수 있겠는가, 누더기옷이
덕행(德行)을 위해 몸에 어울릴 때는 왕의(王衣)라 했던데

입고 있을 수밖에

옷이 시원찮으면 몸의 재앙이라 했던데, '맞지 않는 옷이면?' 입고 있는 한 재앙이란 등식 아니던가, 허기사 등식 따위가 무슨 상관, 벗으면 알몸이 아니라 시체가 되니 입고 있을 수밖에

영웅들이여

'내 모든 것들의 탄소발자국' 했데, 공원길 걷다 보면
거수들이 떨어뜨린 낙엽 발자국으로 찍혀 있데, 산소를
배출하고 탄소로 찍혀 있는, 거수들이여 기후악당국의 영웅들이여

→ → → 죽음

하늘바라기로 꿈꾸던 고향, 나무들은 지금 낙엽 발자국 삼아 돌아가고 있는 중이다, 육신은 남기고 혼으로, 어디일까? 귀천 헌데 인간들은 어디로 가고 있는 중일까? → → → 죽음

접는다

처음이 나쁘면 끝도 나쁘다 했던가, 유시자필유종이라 했던가, 풍시조
창발이래 하루도 게으름을 피워본 적이 없다, 반대로 매우 충실했다
시작이 나쁘지 않았던 듯, 오늘로써 풍시조 마스터플랜을 접는다

※ 유시자필유종(有始者必有終) : 시작이 있으면 반드시 마침이 있다는
양자법언(揚子法言).

없지 않다

당초 목표는 시집 100여권을 내는 일이었는데, 다행히도 건강이
허락해 300권으로 수정, 다시 400권에서 500권으로 수정했다
오늘로써 500권을 마무리한다, 자찬 아닌 자족이 없지 않다

더럽힌다 했던가

자기를 찬미하는 일은 20인의 현인 가운데 한 사람도 없었다는
사옹(沙翁)의 말이 상기된다. 천불언자고 지하언자원이라 했던가
자기를 칭찬하는 자는 자기를 더럽힌다 했던가

※ 천불언자고 지하언자원(天不言自高 地下言自原) : 하늘조차도 스스로는
높다고 하지 않으며 땅도 숫로가 두텁다고 말하지 않는다는 자찬을 경계하는
중국의 명언

신앙이었다

그간 4만여 편이 넘는 시를 써오면서 스스로 즐거웠다, 나름으로
언어에 봉사했고, 스스로의 신앙에 충실했기 때문이다
시는 단순한 언어미학이 아니라 내게 있어서는 하나의 신앙이었다

신앙은 모든 힘의 일체라 했던가

신앙이란 열망의 모습을 가진 사랑이라 했던가, 열망이란 게 바람의 치열성 아니던가, 사랑의 실천, 열망에의 신앙과 충실과 실천으로 치열하게 살았던 삶, 참된 신앙은 모든 힘의 일체라 했던가

미치지 못하지만

신앙은 인생의 힘이라 했던가, 맞는 말일 듯, 신앙이란 에너지
분출이 없었던들 내연의 불꽃이나 연소할 수 있었겠으며
시심으로 불 밝힐 수 있었겠는가, 지적 광체에는 미치지 못하지만

힘이 건강 아니던가

500권의 시집으로 신앙까지 마무리하는 것은 아니다, 앞으로도 에너지를 방출할 수 있는 한 시에의 신앙은 지속될 것이고 또 치열하게 연소될 것이다, 건강이 유지되는 한 힘이 건강 아니던가

이러하지 않던가

프랑스의 비평가 R. M. 알베레스의 지론이 떠오른다, '시인은 신앙인이어야 한다, 미지의 세계를 믿는 신앙인이어야 한다 미지에의 도전이 시이고, 시인이 견자인 소이가 이러하지 않던가

견자인 소이다

견자 하면 보는 사람, 아니다 볼 수 없는 것을 보는 사람이다
아니다, 보이지 않는 것을 발견 보여주는 사람이다, 그것이
시인이고, 시인이 견자인 소이다

신뢰하기 때문이다

나는 견자이기를 희망하고, 동시에 견자를 사랑한다
부정·비리·악행 등 감추기에 급급 캄캄한 어둠을 찾아
밝힘으로써 빛이게 하는 견자를 신뢰하기 때문이다

2024년 10월 20일

쓸 계획이다

마스터플랜 시집 500권은 어제로써 마무리했다
긴장이 풀린다고나 할까, 여유가 생겼다고나 할까, 오늘부터는
풍시조 6편, 일반시 1편을 하루의 일당으로 알고 쓸 계획이다

시작(試作)의 기점이다

시작이 있었으면 끝이 있기 마련이고 끝이 있으면 또 시작하기 마련이다, 해서 끝은 종지부가 아니라 새로운 시작의 출발점이다 내게 있어 시작(始作)은 다시 다짐한 시작(試作)의 기점(起點)이다

최선의 것이 돌아온다 했던가

잘 시작한 일은 반은 벌써 이루어진 것이나 다름없다 했던가
어찌 이석투수이길 바라겠는가, 건강이 허락하는 한 최선에
최선을 다하고 싶다, 최선의 것을 주면 최선의 것이 돌아온다 했던가

※ 이석투수(以石投水) : 아무런 장애도 받지 않고 일이 쉽게 이루어짐을
비유한 말

자화자찬 일삼아서

군자치기언이과기행(君子恥其言而過其行)이라 했던가, 말만 앞세우고 실천하지 못함을 부끄러워한다쯤의 뜻, 헌데 정치꾼들은 작문정치마저도 부끄러워할 줄 모르고 자화자찬 일삼아서

다짐하고 싶은 말들이다

여유있게 설계하여 여지없이 실천하라 했던가, 부드럽게 계획하라
그러나 열렬하게 밀어가라 했던가, 눌언민행이라 했던가
500권의 시집을 마무리하면서 다짐하고 싶은 말들이다

※ 눌언민행(訥言敏行) : 말하기는 쉽고 실천하기는 어려우나 말 먼저
앞세우지 말고 민첩하게 행동하라는 논어의 말

새기고 또 새겨본다

실패를 하지 않는 인간은 대게 아무것도 하지 않는 인간이라 했던가
우리들은성공보다실패에서 많은지혜를배운다했던가, 시집500권에서
배우고 싶은 것들을 말해준 것 같아서 마음에 새기고 또 새겨본다

보법(步法)을 익힌다

넘어짐으로써 안전하게 걷는 보법을 배운다 했던가
공원 여기저기에 낙엽들이 발자국으로 찍혀 있다
무엇인가가 돌아갔음이리라, 밟으며 조심스레 보법을 익힌다

2024년 10월 21일

지구 자체가 위험지대여서

러시아가 끌어들인 북 파병두고, 한반도 '실질 위협국' 했데, 러뿐인가 이스라엘도 미 끌어들이던데 '위협국'으로 안 보데, 시각차가 아니라 세계라는 게 패권이 존재하는 한 지구 자체가 위험지대여서

정치란 게 관심 둘 필요 없어서

한·윤 회동 두고 '여권 내홍 키울까?' '잠재울까' 했던데
내기하세, 자네는 어느 쪽인가? 관심 없어 '내홍'이면 어떻고
'잠재우면' 또 어떠냐, 상관없어, 정치 깐 거 관심 둘 필요 없어서

끝났어

윤·한 독대라더니 비서실장 동석으로 2+1 회동이라데
이게 바로 불리한 거거든, 2:1이면 누가 밀리게?
두고 볼 것도 없어, 게임 만나기 전에 끝났어

거지 같아서

군대 팔아먹는 '김정은' 했던데 전쟁에 군대 팔아먹건, 무기팔아먹건 결과는 둘 다 화약고에 기름 쏟아 붓는 격, 김정은이 군인 팔아먹은 것이나, 열강들이 무기 팔아먹은 것이나 '것'이 거지 같아서

노래라도 불러야 할 듯

법조계, '주가조작은 정황증거 중요 운운, 특검론에 힘 실은 꼴' 했데
꼴이 아니지 모양이지, 신물 나는 꼴보다야 모양이 더
점잖아서, 특검·특검·특검, 가락으로 엮어 노래라도 불러야 할 듯

등식이어서

이스라엘 네타냐후 사저, 헤즈볼라 드론 공격 받았다네
성구에도 안 있던가, 칼은 칼로 망한다는 말씀
말씀대로라면 폭격은 폭격으로 망한다는 등식이어서

세금이어서

행안부 공무직 '65세까지'로 연장 두고 '정년 연장 신호탄' 했데
하이고 백성들은 목에서 신물 넘어오는데 공무원은 살판났네, 정년
연장으로 두고두고 해먹기, 그 돈이 신트림이 토해낸 세금이어서

어떨지?

경인 아라뱃길, 유지관리에 연 290억 투입, 이용객 예측치의
12%에 그쳐 적자에 적자 두고, '세금 먹는 밑 빠진 독' 했던데
'밑 빠진 독'보다 세금으로 '사육하는 큰 하마'가 어떨지?

눈앞에 있는데

'과연 이 싸움에서 누가 승리할 것인가?', 이·하마스
러·우크라? 더 재미있는 구경 두고 딴 데로 눈 돌려?
'너 죽고 나 살쟈' 더 재미있는 김건희·한동훈 싸움 눈앞에 있는데

코리아여서

'빚에 중독된 시대' 했던데, 틀린 말, '빚에 내성이 생겨'
빚이 육화되어버린 지 오래, '중독이 아니라 '비계덩이' 됐어
피둥피둥 빚으로 살찐 비계덩이가 코리아여서

눈이어서

'주술적 여론조사는 그만두자' 했던데, 누구 좋으라고 그것마저 없어 봐, 기고만장, 자화자찬에 눈꼴 시려 어찌 보려고, 허긴 %이 삐딱하고 째려보는 눈이어서

해싸서

명태균의 '공천장사', '산단유차' 두고 '이 정도면 국정농단 아닌가
했던데, 어찌 아니겠소, 백성들은 너나없이
옳소 옳소인데 어떤 당만 아니고 아니고 해싸서

2024년 10월 22일

승(勝) 안겨줄 수도

  윤 대통령·한동훈 대표 회담 81분 '맹탕회동' 했던데, 아닌 듯
한동훈 제안 전면 거부가 또다른 거부 불러올 듯, 또 다른 거부란 게
만지작거리던 패, 패(覇) 잘만 쓰면 패(敗) 아닌 승(勝) 안겨줄 수도

여사 눈 위에 있어서

임란때 충무공이 "소신에게 남은 배 10여 척이 있습니다" 했던 말이 왜 떠오를까? 한동훈 카드, 10여표 잘만쓰면 80표 이겨낼 듯, 대통령 눈높이는 김여사 눈밑에 있고, 한동훈 눈높이는 여사 눈 위에 있어서

↓↓↓ 상기시켜서

윤·한 정원산책, 오는가을 예감이었을까? 잘 익은 결실 예감했을까? 윤은 후자, 한은 전자 예감으로 동상이몽 아니었을까? 전자 예감은 빗나갔고, 후자 예감은 머잖아 낙엽지듯 ↓↓↓ 상기시켜서

들릴 듯

윤대통령지지율 2.0% 떨어져 24.1%, 정치 냉기류는 불 보듯 뻔하고 불에도 녹지 않는 냉기류는 낙엽 재촉해서, 귀 밝은 이는 벌써부터 뚝뚝떨어지는 낙엽 귀동냥도, 앞으론 지는 낙엽은 귀 닫아도 들릴 듯

저리 가라

한동훈, '김건희와 전면전 불가피' 했던데, 상대는 김건희만이 아닌 윤과 파워게임까지 겹쳐서, '너 죽고 나 살자 판' 치열할 듯, '너 죽고 나살자냐?' '나살고 너죽자냐?' 이·하마스, 러·우크라전은저리가라

불행이 어리석은 댓가인 걸

'어쩌다 우리는 부부 통치를 받게 되었나?' 글쎄올시다, 답은요, 불행한 국민이어서, 국민이 어리석어서, 헌데 불행이나 어리석음은 깨닫지 못하고, 부부공화국만 탓해서, 불행이 어리석은 댓가인 걸

OK여

'대통령 탄핵요건에 대한 검토 필요' 했던데, 칼럼니스트 주장 이러하면 정치권에서 '검토' 아닌 '준비'에 돌입해야 할 듯, 쇠뿔은 단김에 빼랬다고, 지금이 딱인 것 같아서, 딱이 꼬부랑말로 OK여

시점(視點)이 안 맞아서요

'김건희 문제', '헛바퀴 돈 윤·한 회동', '국민 공분 안보이냐' 했던데
보이고 안 보이고가 눈높이 따라 달라서요, 한쪽 눈은 '여사' 눈밑에
있고, 한쪽 눈은 '여사' 눈 위에 있어서 시점이 안 맞아서요

한두 차원 높아서

김 여사 공천개입 국감 증언 두고 '용산이 답해야 했던데
답해 봤자 안 하니만 못한 답, 답보다 '듣고 싶지 않아서'
국민 눈높이, 눈높이란 게 '여사의 눈보다 한두 차원 높아서'

허사 아닐 듯싶어서지

귀에 쏙쏙 들어오는 말, 어째서 대통령 말씀은 흘려버리는데, 쏙쏙 들어오는 말도 있을까? 뭐가 그러냐고? '부부통치', '김건희공화국' 절망의 신선한 충격, 귀가 밝아서? 아냐, 허사 아닐 듯싶어서지

힘내라 힘내라

'너 죽고 나 살쟈', '나 살고 너 죽쟈', 윤·한, 한·김, 칼 가는
소리로 들려서, 국민들 스스로 등 내밀어 숫돌 역할 마다하지 않을듯
국민들이란 게 약자 편들기 좋아해서 2:1의 싸움, 힘내라 힘내라

되레 불씨만 키운 격 같아서

윤·한 회담, 대통령실은 '분위기 좋았다' 했지만, 한의 3대 요구 대통령은 '반헌법적', '절대 안돼', '시큰둥' 등 들어 '아무것도 수용하지 않았다'가 다른 한쪽 반응, 되레 불씨만 키운 격 같아서

2024년 10월 23일

돌이 도망치지요

윤·한 면담후 윤·한 첫언급, 한 "민심따라간다"에, 윤 "돌 맞아도 간다" 한대표정도걸으시오, 허면 민심따라 안가도 민심이따라오지요 대통령각하, 돌을 피하시오, 정도행 택하시면 돌이 도망치지요

따라오는 것을

윤・한, 가까이 길을두고 멀리들돌아가려는지, 길이란 게 정도(正道)
밖에 더있겠소, 정도만이 민심, 정도만이 천심, 정도만이 정(政)의 길
정도(政道)의 바른길 걸으면 따라가자 안해도 민심이 따라오는 것을

지혜여서

'돌맞아도간다'고요? 날아오는 돌은 피하는것이지혜, '맞아도 간다'면
피 흘릴 각오 돼 있다는 뜻, 흘리는 우(愚)보다 피하는 지혜가
피란 것이 피[血]말고도 피(避)로도 읽을 줄 아는 것도 지혜여서

고집 같아서

정치잘해 외외탕탕이면 어찌멋진왕도아니겠나, 잘못해달지유혈이면
어찌 씻지 못할 부끄럼 아니겠나, 잘할 생각보다 잘못해 피흘리겠다?
딱하기도 하시지, 덕치(德治) 스스로 접은 하치(下治) 고집 같아서

※ 달지유혈(撻之流血) : 매를 맞아 피를 흘림.

돌석자던가?

'돌에서 피를 얻을수는없다' 했던데, 해서 '돌을맞고 피를 흘리시겠다' 성구에 '피가 죄를 속하나니라' 했던데, 피로써 죄를 사함 받고 싶어설까? 돌에 피를묻힘으로써 돌값을 하겠다는 건지? 돌석자던가?

보(洑)로는 못 막아

환경부, 댐 후보 10곳 공식회의도 없이 결정했다데
물꼬 막아두는 것이 민심 막고자 하는 것과 다르지 않을 듯싶기도
MB정부 종말 떠올리게 해서, 민심은 보로는 못 막아

불승분노 떠올리게 해서

윤 대통령 여 승리 챙긴 부산 금정구 범어사 찾아, 정여 범어사 스님
"적당히비우며 새것채우시라"에 윤대통령 "돌을던져도 맞고 가겠다"
정여 스님이 건넨 액자에 새겨진 일인장락, 불승분노 떠올리게 해서

※ 불승분노(不勝忿怒) : 분노를 참지 못함.

끼이기라도 잘해야

푸틴, 중 시진핑, 인 모디 등 22개국 국가원수 맞아 브릭스 정상회의 이를두고 새판짜기라 했던데, 새판이란게 '반서방연대' 지구촌이란게 힘의 축에 의해 돌아가고 있다는 반증, 힘 있으면 끼이기라도 잘해야

특허품 감

대통령실 또 하나의 전매특허품이 '편 가르기' 아니었던가
윤·한 차담후 친윤 추경호와 만찬한 윤 대통령 했던데
전매특허권답게 제때제때 활용하는 것도 특허품 감

보도(寶刀)로 쓰고 있어서

'평화로 향하는 길' 했던데 너무 한가하고 평화로운 듯싶데
평화, 지구촌이 온통 전쟁의 진흙 밭인데 평화 운운하면 한가한
한담 같아서, 패권주의란 게 평화미명, 힘은 보도로 쓰고 있어서

독물이어서

언뜻 들은 듯한 대통령의 4개 개혁 완성이란 말, 헛들은 3이 있으면
의료대란, 아직 걸음마도 못하고 있는데 정부만 완성이면
믿는사람 있을까? 자화자찬이란것이 위장병 도지게 하는 독물이어서

더 할 말 있겠나

정부연일 북한군 우크라 참전두고 '철수촉구', '국제사회와 대응 예고'
긴급 NSC회의 등 대응 고심하던데, 그런다고 철수하고
해결책 제시될까? 북·러 동맹 이행이라면 더 할 말 있겠나

2024년 10월 24일

것이어서

윤·한 갈등, 드디어 친윤·친한 충돌로 번지기 시작, 정치란게 당초 패거리 싸움이어서, 형제혁장 불가피, 판단은 국민 몫 두고 봐야할 듯, 싸움이란 게 이기고도 지고 지고도 이기는 것이어서

바위 굴릴 듯싶어서

'돌을 던져도 맞고 가겠다고?' 헌데 돌 차원이 아닌 바위 차원일 듯
돌 맞으면 피만 흘리지만 바위에 깔리면 피 한 방울 안 흘리고도
끝날 수 있어서, 어쩐다 판국이 돌 아닌 바위 굴릴 듯싶어서

돌을 맞다니

하하, 이 기막힌 꼴을 어쩐다, '대통령은 안 보이고 김건희 남편만 보인다' 했던데, 하하, 그렇게됐구나, 돌맞는단게 김건희 여사 비난이 던지는돌맞고가겠다였구나, 나라를지켜야지와이프를위해돌을맞다니

그런 것이어서

진보당 '윤석열 퇴진' 장외투쟁에 혁신당도 신발끈 동여맨 듯
드디어 돌 아닌 바위가 구르겠구나, 뿐인가, 이재명·한동훈
결심하기에 따라선 지각변동 일으킬 수도, 정치란 게 그런 것이어서

운명 함께할 수도

공수처인사 시간 끄는 윤대통령 덕에 현 정권 수사 '올스톱' 위기했데
야당 수사였단들 시기 끌었을까? 끌긴 당겼겠지, 헌데 현 정권이어서
끌고 끌고 또 끌다 끝내 끌다로 운명 함께할 수도

하; 3데라니

'돌 맞고 가겠다'는 윤 대통령 발언을 아집·불통으로 해석했데
하면서 지금 윤대통령에 대한 국민적 분노 한계치에 도달, 토 달았데
또 토달길 오기·불통의 정치에 국정은 헛바퀴만돈다데, 하; 3데라니

김건희 블랙홀에 빠진 이

뿐만 아닐 듯, 임기 절반이 지나도록 지지율 20%대 못 벗어난 걸로
미루어 보면 앞으로 오를 희망은 전무, 반대로 내릴 공산만 유(有)
유가 뭐냐고? 당신, 당신이 누구냐고? 김건희 블랙홀에 빠진 이

날마다 커지는 구멍

　　　Black hole이란 게 가상적 구멍 아니던가, 헌데, 김건희
블랙홀은 실재의 구멍, 뿐만이 아니어서, 도처에 구멍, 철벽용산에도
구멍, 정권누수 빠져나가는, 막을 길 없는 날마다 커지는 구멍

파국의 함정인 것을

'살상무기 우크라 지원 입장 선회로 한·러 관계는 파국으로 했던데 무슨 걱정, G1만 곁에 있으면 돼, 아니지 G1 허리띠만 붙들고 있으면 돼, iPien tao, iPien tao가 파국의 함정인 것을

가득 찼음이지

무사(無思), 무념(無念)·무욕(無慾)을 삼무(三無)라 했데
아무것도 지니지않는 정신상태이니 무의 정신세계 아니던가, 아니지
아무것도 지니지않음이 아니라 헛된 것을 버린 참으로 가득찼음이지

도망쳐 버리지

정신세계만이 아닌 정치에도 삼무정치가 있는 모양인데, 이른바 무능·무책임·무도한 우행(愚行)의 정치, 덕행(德行)으로도 끌고 가기 힘겨운 것이 정치인데 우행이면 다 도망쳐 버리지

신문을 도배하기 시작한다

한강의 노벨문학상수상을 계기로 문학에대한담론들이 쏟아져나왔다
국익차원에서부터 문학의승리, 번역의승리까지, 그리고 2주가지났다
비로소한강문학에대한 여러견해들의피력이신문을도배하기시작한다

제공됐으면, 축하만 말고

문학의 효용과 소설의 역할에 대한 진지한논의의 계기가 됐으면싶다
 문학의 순수기능, 시대정신으로서의, 구성요소로서의 소설 등등
한강의소설이 그런 진지한 토론의장으로 제공됐으면, 축하만 말고

2024년 10월 25일

그뿐

러 하원, 북·러 조약 '만장일치'로 가결했다데, 북한군 러 파병에 명분·실리 실어준 것 아닌가, 우방이나 동맹국 하는 짓들이 다 그렇고 그런 거 아니던가, 우리도 상응조처하면 그뿐

봄소식은 아닐 듯

한동훈 국민의힘 표, 추경호 국민의힘 원내대표, 서로 대표 권한놓고
연일 충돌, 충돌이야 있을 수 있는 일, '연알'이면 쭉 → → →
얼음 얼기도 전에 쩡쩡쩡 얼음판 깨지는 소리, 봄소식은 아닐 듯

그래서였구나

중, 경기부진, 미, 대선 여파로 글로벌 수출여건 안개 속에
한, 반도체 불확실성에 수출 꺾이고, '이고'가 '이어서 간다'
내년이 더 문제라더니 그래서였구나

안 될지?

한국인 100명 중 5명이 외국인 주민이라데, 앞으로 줄어들기보다 늘어날 것이 현실, 주로 경기지역에 거주하는 것으로 나타났는데 이런 추세라면 앞으로 경기도가 외국인도 안 될지?

상식이어서

친윤·친한 계파갈등 심화 아닌 격화, 그러다 격화(激化)
겁화(劫火)되면 어쩐다, 어쩌긴, 겁풍에 낙엽지듯
떨어지는 것 있고, 겁화에 깨지는 것 있는 것이 상식이어서

아이고

윤 대통령 NBS 조사 결과 지지율 22%로 취임 후 최저
김 여사 활동 중단 73%면 합산 95%가 등 돌렸다는 반증
이러다 반증 100% 온증 되면 어쩐다, 아이고 어쩐다 아이고

헛발질 재촉해서

미 국방 블링턴 '11번째 방문도 빈손 했던데, 정권 말기
맥 빠진 정부, 이스라엘 '휴전제안엔 콧방귀도 안 뀔 듯
되레 기회는 이때, 공격 강화로 블링턴 헛발질 재촉해서

사계(四季)가 있겠나

한국엔 계절이 없다, 특히 정치계절엔 사계가 없는 난기류뿐, 매사가 꼬이고 얽히고, 치고받고, 심지어는 자당끼리도 내전 격전으로 번지고, 허긴 다스림이 난장판이니 정치계절에 사계가 있겠나

미적 가치는?

한강의 노벨문학상을두고 쏟아진 분석중, 공통단어하나가 '고통'했데 고통의 모태가 제주 4.3, 5.18 민주화운동, 폭력에 놓인 여성들의 고통, 악이 선을, 고통이 기쁨을 인식시킨다던가, 미적 가치는?

거꾸로 돌려볼 만

우리 속담에 '울음 큰새' 했던데, 풀이하면
명성은 자자한데 별 볼 것이 없다쯤
고통 거꾸로 돌렸더니 통곡이데, 거꾸로 돌려볼 만

맞춰져 있어서

국민의힘 김건희 여사 해법으로 '특별감찰관' 내밀던데, 특별감찰관이란게 강제 수사권이 없다는 걸 모르지 않을 터, 한 대표 입 열었다 하면 국민 눈높이 하던데, 국민의 눈높이는 특검에 맞춰져 있어서

산도 강으로 읽어서

한국방송공사 KBS가 '용산방송국'이란 오명으로 개명됐데 그걸 몰랐어, 용산방송이면 윤정권 방송이란 메타포 아니던가, 용의 입이면 여의주라도, 용산의 입은 산도 강으로 읽어서

싸움판만 벌여서

한은 절망 크게 밑돈 3분기 성장률 0.1%로 수출·내수 비상
나라살림, 국민들 삶은 갈수록 악화일로 쪼그랑탕인데
정권욕망만 젊어져 혈기왕성 싸움판만 벌여서

2024년 10월 26일

탓하지 마시게나

이스라엘·하마즈, 러·우크라는 격전지대, 한반도는 남과 북 코리아엔 여·야, 세상이 들끓는 싸움터, 전쟁을 계산할 수 있는 신은 없다, 그러나 전쟁은 있다 했던가, 탓하지 마시게나

창조주 탓할밖에

탓은 전쟁에 있지 않고 인간의 욕망에 있지, 더러운 욕망
지배욕, 통치욕과 같은 짐승 중에서도 상짐승만이
지닐 수 있는, 탓하지 마시게, 사람을 만든 창조주 탓할밖에

신 같아서

인간을 만들지 말든지, 만들었으면 욕망 주머니를 떼버리고
만들든지, 세상을 싸움판 만들어놓고 그게 구경거리라고
관전하고 있는 신, 신이 상말로 신(腎) 같아서

힘이어서

신은 인간의 상위개념이다, 인간이 지닐 수 없는 능력을
지녔기 때문, 헌데 인간의 필요에 의해 인간이 신을
창조했다고도 하데, 누가 만들었건 절대자는 신 아닌 힘이어서

힘없는 놈의 지혜거든

힘을 달리 패권이라고도 하지, 유식하게, 무식해서 패권 깐 것
몰라도 좋아, 전쟁이란 게 힘 있는 놈들이 먼저 걸어오지
힘없는 놈은 절대 먼저 안 건드려, 힘없는 놈의 지혜거든

지혜에 앞서는 것을

지혜를 두려움도 없고, 미움도 없으며 착함을 지키는 것이 지혜라 했던가, 허면두려워하고, 미워하며 악행만을일삼으면 무지자, 비웃지 말것이 두려움·미움·착함이 뭔지도모르면 그게지혜에 앞서는것을

더 큰 지혜가 아닐지

지혜를 화복(禍福)의 문이라 했던데, 악을 지혜로 알고 화 선으로 알면 복이 안 되겠나, 그보다 지혜를 모르고 악과 선을 넘어서면 화도 복도 들어올 문이 없으니 더 큰 지혜가 아닐지

체병시대여서

흔히 영리한 사람을 두고 지혜가 있다고들 하는데 요즘은 달라
영리한 놈치고 잘난체, 가진체, 젠체하지 않는 놈 없어, 해서 하는 말
미련함만 못한 놈들이 체병 못 면하고 사는 체병시대여서

옛날이여

그중에서도 힘자랑 하는 놈, 힘만 믿고 힘에 붙어사는 놈, 힘을 덕으로아는놈, 힘을만능으로 아는놈, 어쩌다세상이힘의세상이됐는지 패권주의, 칼은 칼로 망하듯 힘은 힘으로 망한다, 히히 옛날이여

썩어 문드러져 가고 있어서

옛날이 구식시대라고, 썩어 문드러진 신식보다야 낫지
마음은 구식, 멋은 신식, 이럴 수만 있다면 신·구 합작
멋진 세상 될 텐데 세상 한편으로만 썩어 문드러져 가고 있어서

인간 많은 지옥이어서

미 대선, 중동 전쟁, 러·우의 전쟁, 이리 세상이 시끄러워서야 북 파병이다. 김건희 특검이다, 이리 시끄러워서야, 시끄러우면 산으로 가, 시끄러워야 지옥, 조용하면 천당, 인간 많은 지옥이어서

지옥이 더러워서야

지옥이 지하에 있다고? 그건 구식이고, 신식으론 지상 자체가
지옥이여, 인간의 몫인 지옥, 해서 천당바라기 하지만 쓸데없는 짓
짐승들이 왜 산에서 사는 줄 알아? 지옥이 더러워서야

만들어서지

사람이 무서워 산에서 피해 산다고? 암 무섭지, 지옥에 사는 놈들 착하고선했으면 지옥에 살겠는가, 지옥과 천당의 중간지대 조물주가 그중간지대에 짐승들을 살게한 소이, 인간을 짐승이하로 만들어서지

■ 시집 평설을 대신해서_諷詩調에 대한 사계의 견해

三行詩의 안팎

문덕수(전 예술원 회원)

1.

 박진환의 三行詩Ⅷ『諷詩調』를 읽고 느낀 바가 많지만 다 말할 수는 없을 것 같다. '諷時調'라고 하지 않고 '諷詩調'라고 한 것은 '시조(時調)'와는 다른 장르임을 말하는 것이 분명하고, '풍조시(諷調詩)'가 아니라 '풍시조(諷詩調)'라고 한 것은 이와 유사한 다른 장르명의 어순을 따를 필요가 없음을 암시한 것 같다. 어쨌든 '풍시조(諷詩調)'는 다른 누구의 것도 아닌, 바로 박진환의 장르다. 그가 풍시조의 시조요, 창업자다.
 '풍시조(諷詩調)'의 '풍(諷)'은 '풍자(諷刺, satire)'일까. '풍유(諷喩, allegory)'일까(諷諫, 기자(譏刺)라는 말도 있다). 풍(諷)은 '言十風(음)'으로 된 글자인데, 떨리는 소리로 낭독하는 것을 풍송(諷誦)이라고 하고, 바람이 나뭇가지나 이파리를 흔들듯이 사람의 마음을 움직이는 것을 '풍(諷)'이라고 한다. '풍자'는 후자에 해당한다. 그러나 이러니저러니 따질 필요는 없다. '시작품' 자체가 시론이기 때문이다. '풍시조'의 정체는 박진환의 작품에 있다고 하겠다.

> 달콤한 오수 깨며 따리링 울리는 벨소리 속 목소리
> 기막힌 부동산 정보 전해 드리려고요
> 너나 기막히세요, 난 귀 열고 매미소리나 벗하리니
> ―「귀 열고」

  IT매체들(휴대전화 등)을 통해 부동산 중개업자(복덕방)의 이러한 극성스러운 메시지는 시민들이 역겹도록 경험하고 있는 현실이다. 시도 때도 없는 각종 정보 발신에 시민들이 무방비 속에 시달리는 것은 정보공해라고 할 수 있다. 이 시는 요즘의 이러한 부동산 시장의 상황과 정보공해가 전제되어 있고, 이러한 상황을 어느 정도 공유하고 있는 독자에게만 공감이 절실할 것이다. 풍자건 유머건 간에, 독자의 다양한 지적 교양이 전제된다는 점에서 지성적 활동이라고 할 수 있다(박진환을 '주지시'의 계열의 중요시인으로 보는 것도 이 때문이다).

2.
  왜 3행시일까. 20행, 30행의 장시나 산문시면 안 되는가. 초·중·종장과 같은 3행이지만, 시조의 율조와는 관계가 없다. 종장 '3·5·4·4'와 같은 율조도 지킬 필요가 없다. 음보와도 관계없다. 시조의 3행과 같다는 말도 사실상 넌센스다. 그럼에도 3행시로 한 뭔가의 이유가 있지 않을까. 앞에 든 「귀열고」에서 여러 가지 장치를 전지(剪枝)하고 3단논법의 뼈대만 추려 본다.

> 남을 괴롭히는 전화는 받기 싫다(대전제)
> 요즘의 부동산 정보전화도 사람만 괴롭힌다(소전제)
> 그러므로 내게 그런 전화하지 말라(결론)

이와 같은 논리소('화소'라는 말이 있지만 '논리소'라고 해둔다)로 환원시켜 놓고 보면, 「귀열고」는 3단논법의 시상 전개임을 어느 정도는 이해할 수 있다. 상황 제시(대전제, 제1행), 권유나 권고(소전제, 제2행), 거절(결론, 제3행)로 된 3단형이나 구문면에서는 문답형이다. 3단 논법이란 2개 이상의 전제를 제시하고, 거기서 결론을 도출하는 추론형식이다. 2개든 3개든 2행으로 전제를 제시하거나 열거하고, 논리 진행의 반전, 좌절, 총합 등으로 결론을 도출하게 되면 '3단형'이 되지 않을 수 없다. 또 구문상의 '문답형'으로 본다고 하더라도 물음과 답이 각각 1행씩 합해서 2행이 되고, 물음과 대답을 성립하기 위한 전제적 상황 제시가 1행을 차지하면, 이 또한 3행 형식을 취하게 된다.

> 돈 많은 세상에 돈 없이 배고파하는 꼴이나
> 물난리에 물이 없어 목말라 하는 꼴이나
> 사람 중에 사람 없어 정치공황 부황든 꼴이나
> ― 「꼴이나 꼴이나」

「꼴이나 꼴이나」도 3단형이긴 하나 논리의 극적 국면(반전, 좌절 등)이 약한, 즉 편평(扁平)한 3단형이다. 더 정확하게 말하면 전제만 3행으로 열거되고 결론이 없는(결론은 독자의 몫으로 남겼다.) 일종의 '나열형'이다. 틀(뼈대)을 추려보면 "풍족 속의 굶주림은 꼴불견이다(제1행), 홍수 속의 갈증은 꼴불견이다(제2행), 인재 귀한 정치 공황은 꼴불견이다(제3행)"의 3단형인데, 대전제 · 소전제 · 결론 형이 아니라 단지 전제의 3행 나열에 지나지 않고, 이러한 나열을 총합한 결론은 독자에게 맡겨져 있다. 구문상으로는 '꼴이나'가 각행의 끝말로 반복(세 번 반복)되는데 귀납형의 방식이라고 할 수 있다. 대전제를 먼저 제시하는 3단 논법형과는 다르다고 하겠다. 3단형이라고 하더라도 여러 가지 성질의 형식이 있으므로, 여기서는 변죽만 건드려본 정도로 그치겠다.

3.

다음엔 실제 작품을 조금 음미해 본다. 「귀열고」는 「夏夜」와 더불어 박진환의 풍시조 중에서 가장 재미있는 작품인 것 같다. 전형적인 작품이라고 해도 괜찮다.

'기막히다'의 활용형(기막힌, 기막히세요)은 문답의 '고리' 역할을 한다. 부동산중개업자와 시적 주체도 연결시켜준다. 그런데, 대답 부분(제3행)의 '기막히세요'라는 '고리'에는 '기막히다(어떤 일이 하도 어이없거나 엄청나서 질릴 정도이다와 같은 부정적 성질의 의미와, 어떻다고 말할 수 없을 만큼 좋거나 정도가 높다와 같은 긍정적 성질의 의미가 공존한다)와 '귀(耳) 막히다' 등의 의미가 공재해 있고, '귀 막히다'는 뜻의 말은 짐짓 잘못 알아들은 것으로 되어 있다. 이 풍시조의 재미는 '기막히세요'라는 고리에 내재된 다채로운 뉘앙스의 삼중 겹침에 있는 것 같다. 여기에 "너나 기막히세요"라는 독백 형식의 대답에는 "너나 잘하세요"(영화 「친절한 금자씨」의 주인공이 한 말)도 연상되고, 더 지적으로 민감한 독자라면 "사또님 말씀이야 다 우습지"나 "사돈네 남의 말 한다"와 같은 속담도 연상하게 될 것이다. 또 2인칭 대명사 '너'와 높임말인 '기막히세요'는 존대법상 일치하지 않는다. 이러한 문법적 불일치도 미적·풍자적 효과에 한몫 더한다. 말하자면 독자의 지적 수준에 따라 그 웃음과 재미가 증감된다. 아마 이러한 시적 장치의 전부를 담아 뭉뚱그리기에 적합한 가장 간결한 형태가 3행시가 아닐까도 생각된다.

> F킬라를 뿌리듯 이발사가 내 머리에 스프레이를 분무한다
> 내 머리를 모기나 파리 대가리쯤으로 아는 모양이다
> 하긴 싹싹 손 비비고 남의 피나 핥았으니 그럴 법도 하지
> —「이발소」에서

전제가 되는 부분의 열거를 1행, 2행에 배당하고, 그 전제를 근거로 제3행에서 결론을 도출한 3단형이다. "이발사가 내 머리에 스프레이를 뿌린다(제1행), 나를 모기나 파리로 간주하는 것 같다(제2행), 아첨하고 착취했으니 이발사의 행위는 당연하다(제3행)"는 것이 이 풍조시의 뼈대다. 추린 논리소다. 그러나 이 논리 속에는 의도적 곡해(曲解)와 사회를 향한 우회적 공격이 숨어 있다. 논리 속에 숨은 이 장치의 이해가,

이 풍시조 수용의 전제가 된다.

  특히, "싹싹 손 비비고 남의 피나 핥았으니"에서, 1인칭(모기나 파리의 1인칭)인 '나'의 비하(卑下)를 통해서 파리나 모기와 다를 바 없는 자신이 바로 사회의 무고한 사람들에 대한 침입자나 가해자였음을 폭로한다. 자기가 바로 풍자의 칼날에 희생되어야 할 대상이며, 자신의 비하가 공격과 비판을 위한 칼날 갈기의 전제라는 아이러니를 본다. 일종의 도회(韜晦)의 비늘이라고 할까. 새디즘과 매저키즘은 동전의 양면이라는 심리분석도 이 경우에 해당될지?.

夏! 정말 덥다, 夜! 시원하다
夏夜보다 더 신나고 시원한 것 없을까
없긴 왜 없어, 下野란 말 있잖아
    —「夏夜」전문

  「夏夜」는 문답형 중의 자문자답형이다. 독백형 자문자답이다. 두 개의 전제에서 의외의 결론을 끌어낸 3단 형태라고도 할 수 있다. 제1행의 대전제가 그 다음의 소전제와 결론인 대답을 가능하게 해준다. 어쨌든 '夏夜'라는 펀(pun)과 더불어 박진환식 풍자와 해학의 가장 돋보이는 전형적인 시다. '夏夜'에 내포된 골계미와 풍자성을 분석해 보자.

  '하야'라는 시니피앙에는 1)계절로서의 夏夜, 2)'하! 야'라는 반응의 감탄사, 3)하야(下野)라는 시니피에가 겹쳐 있다. 반복하면 시니피앙의 한 덩어리 속의 세 시니피에가 꼬리를 물고

꼬여 메비우스의 띠처럼 회오리친다. 특히 '하야(夏夜:下野)'라는 말이 지닌 풍자성이 시 전체(1행, 2행, 3행)에 삼투되어 방사(放射)한다. 웃음 속에 감추어진 칼날을 보는 것 같아 섬찍하다.

4.
끝으로 풍시조 1편과 외국의 우화 1편을 비교해 볼까 한다. 대상은 둘 다 '중동(中東)'이다.

> 열사의 불 먹고 사는 탓에 제 버릇 못 버려 즐기는 불장난
> 　　　석유까지 불을 뿜어대니 연일 불바다지
> 　얼음을 먹어야 식히는데 中東엔 仲冬이 없으니
> 　　　　　　　—「仲冬이 없으니・1」

이것은 일종의 '편'이다. 「夏夜」에 비하면 편의 구조도 퍽 단순한 편이다. 페르시아만(아라비아만)의 해변에 '개구리' 한 마리가 햇볕을 쬐고 있는데, '전갈(scorpion)'이 와서 바다 건너 저쪽 언덕까지 등에 태워 건너달라고 부탁한다('전갈은 몸속 독낭에 못 모양의 독침이 들어 있는 동물이다).

"싫어. 넌 전갈 아냐. 날 찔러 죽이려고"
"바보 같은 소리" 내가 찌르면 너도 죽지만 나도 익사하지 않는가. 잠시 생각한 끝에 개구리가 말한다.
"그렇군. 그럼 내 등에 올라타"

전갈을 등에 태운 개구리가 아라비아 바다를 건너기 시작한다. 바다 복판쯤에 왔을 때, 전갈은 갑자기 독침을 꺼내어 개구리를 찔러 버렸다.
"왜 이래?"
전갈이 대답했다. "여긴 중동(中東)이야."

유머지만, 이것은 '우화'의 형식을 취하고 있다(박진환도 '우화' 쪽으로 발전할지도 모른다). '개구리'는 아라비아만으로 관광온 유럽인인지도 모른다. 그러나 이 조크에 등장하는 '전갈'과 '개구리'의 본의(本義)가 각각 유럽과 중동 중에서 어느 쪽인가에 따라 작품 전체의 이야기가 달라지고, 공격의 대상도 반대가 된다. 그러면 박진환의 풍시조의 공격 대상은 누구인가. 중동만이라고 할 수 없다. 여기서 해학이건 풍자건 그 속에 감춘 예리한 '날'의 현동화(現動化)가 실은 얼마나 어렵고 미묘한 것인가를 시사한다. 특히 「전갈과 개구리」의 경우, 그 균형(balance) 잡기의 어려움을 실감하게 된다.
　나는 오늘의 한국시의 지형도를 그려본 적이 있다. 1)전통과 서정(전통적 서정시), 2)메시지와 관념(관념시, 생태시), 3)이미지와 물리성(언어 이미지시), 4)탈관념의 실험(탈관념시), 5)주지적 처리(주지시) 등이 그것이다. 한국시의 동서남북이라고도 할 수 있다. 우리 시단의 특색 있는 시의 중요한 작품들은 일단 이 지형도로 배열, 배치할 수 있다. 우리 시의 현황이다.
　나는 박진환의 최근작(3행의 풍시조)을 주목하면서 '주지시'

의 장르로 보았다. 지금도 나는 이러한 자리매김을 후회하지 않는다. 김춘수는 박진환의 풍시조에 대하여 『하여지향(何如之鄕)』을 쓴 송욱의 '전철'을 밟고 있다고 했지만, 나는 송욱과 '같은 계열'이라고 보지, '전철'이라고는 생각하지 않는다. '풍자의 노끈'으로 송욱과 박진환을 칭칭 묶어 버리는 것도 가능하나, '풍자'가 있는 '주지(主知)의 토포스' 속에 자리한 박진환의 거처가 지닌 의미의 진폭을 이해할 필요가 있을 것 같다. 풍자, 해학, 펀, 아이러니, 비꼼, 조롱 등은 '주지시'의 자원이긴 하나 이것만이 전부는 아니다. 이러한 주지시는 송욱, 김현승, 김광섭 등을 거쳐 김기림(金起林)의 장시 『기상도(氣象圖)』(1936)에 이른다는 사실을 이해한다면, 주지의 여러 가지 자원이 뭣인가를 짐작할 수 있다. 『기상도』가 지닌 주지적 풍부함의 목록을 일일이 확인할 필요가 없을까.

  이야기를 많이 에둘렀다. 다시 「仲冬이 없으니·1」과 「전갈과 개구리」이야기가 지닌 한 가지 토픽도 주지(主知)가 지닌 여러 가지 목록 중의 하나다. 지성은 억제와 조절에 바탕을 둔 '균형'을 강조한다. 형이상적 존재의 인식, 그 인식이 지닌 초월성의 자기화(自己化)에 의한 시선의 확보, 그 중의 풍자적 시선이 공격 대상을 선정하는 일에 도리없이 참여하는 '균형'은 특히 중요하다. 저울대의 무게와 추가 형평을 이룰 때 '풍자'는 더욱 빛날 것이다.

■ 시집 평설을 대신해서_諷詩調에 대한 사계의 견해

知的調律에 의한 시 意味의 密度와 結晶度
― 『諷詩調』의 창간에 부쳐

성찬경(전 예술원 회원)

문예지 『풍시조(諷詩調)』가 창간되었다. 때는 2008년 초여름이고, 앞으로 계간지로 계속 발간될 것이라는 예고다.

문예지라고 했지만, 문예지치고는 매우 특수한 성격을 지니는 문예지다. 우선에 소설은 배제된 시 전문지이지만, 넓은 범위의 시 일반을 싣는 것이 아니라 '풍시조(諷詩調)'란 새로운 시적 유형과 범주에 속하는 시만을 모아서 엮는 시지이니, 이를테면 시단 안에서도 특수 전문지의 성격을 갖는다. 흔히 취미 오락 등을 다룬 잡지에 낚시니 등산이니 바둑 등을 전문으로 다루는 잡지를 보게 되는데, 『諷詩調』는 시 안에서도 독특한 장르만을 대상으로 하는 일종의 전문 시지(詩誌)인 셈이며, 우리나라 시사(詩史)와 시단의 현황이 어언 여기에까지 이르렀는가 하는 감회를 갖게 된다.

여기에서 좀 더 차분히 『諷詩調』의 출현을 지금까지 키워 온 그 뿌리와 수맥을 살펴볼 필요가 있다. 말할 것도 없이 이

『諷詩講』의 근본이 되는 자양적 모태는 박진환 시인이 약 30년에 걸쳐서 전개해온 넓은 의미에서의 지성시(知性詩) 운동이다. 박진환 시인은 이러한 지성시의 구체적인 전개방법으로서 '형이상학시'의 기치(旗幟) 아래, 이른바 변용의 시를 추구해온 것은 세상이 다 아는 바다.

변용의 시도 실은 그 개념의 범주가 좁다 할 수는 없다. 더 구체적으로 말하면 시에서의 위트, 컨시트, 또는 펀과 같은 기법을 활용하여 시의 정서적 구조를 지적 구조로 바꾸고, 그럼으로써 시를 의미의 밀도에서 좀더 경질(硬質)의 것이 되게 하려는 시적 추구를 말한다. 그리고 이것은 그 시적 추구에서 17세기 영국의 '형이상학파' 시인들의 추구와 그 맥이 통한다는 사실도 우리가 알고 있는 바와 같다.

여기에서 박진환 시인의 이러한 시적 추구가 우리 시의 현실적 상황과 어떠한 관계에 있는가 하는 점을 살필 필요가 있다. 현재의 우리 시는 한 마디로 지성이라는 영양소의 결핍 증세가 심한데, 또한 그것을 자각하고 있지도 못하다는 것이 나의 솔직한 판단이다.

시에서 지성이 하는 구실은 일종의 조화 감각이라 할 수 있다. 시가 너무 한 쪽에 치우치는 것을 막아주는 감시의 역할을 하는 것이 바로 지성이다. 그래서 시에서 지적 요소가 부족하면 시가 한쪽으로 치우치는 것을 막지 못한다. 시에서 눈물이 너무 많아진다거나, 지나치게 격정에 사로잡힌다거나 정서의 내용이 너무 가냘퍼진다거나, 또는 지나치게 괴기해진다거나 하는 현상이 모두 지성적 작용의 결핍에서 오는 중후라

할 수 있다.

　문예지 『조선문학』을 중심으로 하는 한 무리의 문인들이 문학에서 지성적 구실을 강조하고, 줄기차게 우리 문단에서의 이러한 허점을 보완하고자 한 문학적 공헌에 대한 평가에서 우리는 몰인식과 소극성을 벗어나지 못하고 있는 것이 아닌가 하는 것이 역시 나의 생각이다.

　이번에 발간된 『諷詩調』는 박진환 시인이 벌여온 시운동의 더욱 정제된 결정과도 같은 것이며, 이것을 일종의 '문학적 발명'이라 해야 마땅할 것이라는 생각이 든다.

　어느 시대에 있어서나 문학의 새로운 양식은 그것이 하나의 새로운 발명임을 의미한다. 그리고 진정한 의미에서의 '발명'이라면, 얼핏 보아 아무리 하찮게 보이는 것일지라도, 거기에는 발명자의 많은 시간과 피땀과 노고가 스며있음을 잊어서는 안 된다. 시에 있어서도 마찬가지다. 시의 새로운 체질과 양식과 장르의 발명이 실은 시인들의 끊임없이 노력하고 추구하는 목표이기도 한 것이다.

　'諷詩調'의 출현 역시 결코 하루아침에 이루어진 우발적인 출현이 아님은 말할 것도 없다. 지금까지 박진환 시인이 시도해온 많은 '3행시'와 '諷詩調'가 그 싹이 되어 피어왔음은 물론이다.

　『풍시조(諷詩調)』가 갖는 새로운 체질적 특색을 간단히 살펴보겠다. '諷詩調'가 우리 고유의 전통적 시가의 형식인 '시조(時調)'와 체질적 연관성이 있음은 물론이다. 諷詩調의 구성이 3행으로 돼 있는 점이 초중종 3장으로 돼 있는 시조와 일치한다는 것에서도 이 일을 알 수 있다. 원래 시조의 초중종 3장도 시조보다 더 뿌리 깊다 할 수 있는 동양 고유의 한시(漢詩)의 기승전결에서 나온 것임을 우리는 짐작할 수 있다. 4행1련을 기본 단위로 하는 기승전결은 사실 동서고금의 모든 시적 감흥의 기본 틀이기도 하다. 다만 시조의 경우 종장에 해당하는 3장에서는 '전(轉)'과 '결(決)'이 한 행에 압축됨으로써 4행의 경우보다도 더욱 극적 효과와 시의 긴장감을 높여주고 있다.

이와 같이 諷詩調는 시조와 일맥상통하면서도 예술적 감흥을 겨냥하는 데에서는 시조(時調)와 사뭇 다르다. 곧 시조의 시의 뜻을 한자의 때시 '時'에서 글시 '詩'로 바꿔놓은 데서 그 겨냥하는 바를 짐작할 수 있다. 시조(時調)가 그 주제를 시대적 풍습에 맞추려는데 두고 있다면, 諷詩調에서는 시류(時流)를 넘어서는 작품으로서의 시적(詩的) 가치를 높이려는 의도가 숨어 있으며, 이런 점에서 '諷詩調는 이른바 순수시(純粹詩)와도 그 방향을 같이 하게 된다.

'시조(詩調)', 곧 시의 흐름에 또 '풍(諷)' 자가 결합되어 있으니, 이것은 또 어떤 의도를 품고 있는 것일까. 여기에서 '풍(諷)'자는 박진환 시인이 시지의 '창간사'에서도 밝히고 있는 바와 같이 시에 넓은 의미의 풍자성(諷刺性)을 담으려는 의도와 다를 바가 없으니, 이 풍(諷)의 개념에는 시에서 전개할 수 있는 지적 작업 일반의 여러 항목이 두루 포함돼 있으며, 위트, 아이러니, 새타이어, 시니시즘(비꼬움) 등 표현상의 역설적 기법이 종횡으로 등장하게 된다.

그리고 이러한 풍자는 그것이 일종의 지적 응징의 구실을 하게 되는 것이며 이와 같은 응징의 숨은 의도는 바른 사회, 꼴불견인 시류적인 속물(俗物)들이 사라지는 사회, 양식이 통하는 밝은 사회의 출현을 바라보는 것이니, 깊은 뜻에서는 이 풍자의 정신이 곧 인도주의적 염원과도 일치한다는 점을 간과해서는 안 될 것이다.
  '諷詩調'의 보기로서, 박진환 시인이 전, 현직 대통령을 소재로 풍자한 시를 보려 한다.

>   노랗게 노랗게 노자로 시작해서
>   나리나리 개나리 리자로 끝나면 무슨 나리게
>   개나리, 노노노 무식하긴 노나리지
>   ―「개나리」

>   이명박 대통령 임기 끝나 퇴임하는 날이 2012년 12월 26일
>   이날에 맞춰 돌아가는 시계가 이명박 시계란다
>   시작이 엊그젠데 퇴임 날 꼽아가며 돌아가는 시계가 있다니
>   ―「이명박 퇴임시계」

  펀과 시니시즘과 새타이어가 2중 3중으로 얽히고 꼬인, 고도로 지적인 시적 작업임을 알 수 있다. 이보다 더 따끔한 응징적 일침이 또 있겠나.
  계간지 『諷詩調』는 이제 막 창간되었기 때문도 있겠지만, 아직 동인지의 성격을 완전히 벗지 못한 느낌도 없지 않아

있다. 앞으로 이런 점도 차츰 보완이 되리라 믿어지며, 이 시지가 잘 성장하여 응분의 구실을 하게 될 것을 나는 축원의 시선으로 바라본다. 그렇다 하더라도 일관성 있는 '지성시'에의 헌신과 노고가 정당한 평가를 받게 되는 날이 우리 시사(詩史)에서 언제 찾아올 것인가.

■ 시집 평설을 대신해서_諷詩調에 대한 사계의 견해

諷詩調의 깃발과 風向
- 새로운 시 운동에 대하여

김용직(전 학술원 회원)

극히 최근에 그 모습을 드러낸 諷詩調 운동에는 두 가지 정도의 전략이 내장되어 있는 듯 보인다. 그 하나가 독특한 형태양식 해석이며 다른 하나가 현실 상황을 향한 예각적 공격의식이다. 명백히 현대 서정시의 서부(西部)를 개척하려는 의욕으로 시도된 이 시운동은 그러나 그 형식을 3장 6구를 원형으로 한 단형시 제작을 바탕으로 하고 있다. 3장 6구의 단형시라면 우리 머리에는 곧 한국 전통시가 양식인 시조가 떠오른다. 시조는 국민문학파에 의한 개혁운동 이후 새로운 토대를 마련하게 되었다. 이때부터 시조는 고전시가의 인습적인 면을 벗어나 새 시대의 양식이 된 것이다. 諷詩調는 시조의 이런 틀을 이용하려는 듯 보인다.

諷詩調는 그 의식성향으로 보아 상당히 공격적이며 호전적이기까지 하다. 그 도마 위에는 정치, 경제, 사회, 문화의 문제만이 아니라 개인의 윤리, 도덕적인 사건까지가 가차 없이 올라 난도질당한다. 그런데 많은 경우 諷詩調의 비판, 공격은 예술적 의장을 거치지 않은 가운데 이루어진다. 諷詩調에서 풍(諷)은 수사론에서 풍자를 뜻할 것이며 고전문학의 감각을 곁들이게 되면 풍간(諷諫)과 같은 맥락에서 해석될 말이다. 풍자와 풍간에 역겨운 현실, 아니꼬운 대상을 꼬집고 공격하는 단면이 내포되어 있는 것은 사실이다. 그러나 그런 경우의 비판, 공격은 진술의 형태로 이루어지는 것이 아니라 비유의 형태를 취하는 것이 바람직하다.

풍자문학에서 직접적 언술(言述)이 아니라 간접적인 기법이 이용되는 까닭은 단순하다. 많은 경우 시인이 아니꼽게 생각하는 대상은 한 시대와 사회에서 강한 힘을 가진 개인이거나 집단과 그 부수 형태인 제도나 규범들이다. 그들을 진술의 차원에서 공격하는 경우 작품들은 즉각 압수, 폐기되고 그 제작들은 연행, 구속될 위험에 노출된다. 시와 예술이 노려야 할 것은 이런 자살 특공대식 자기표출이 아니다. 이런 감각이 생산해 낸 전략의 결과가 풍자로 해석되어야 하는 것이다.

諷詩調가 3장 형식을 취한 것에 대해서도 이와 거의 같은 이야기가 가능하다. 諷詩調가 3행시의 형태를 이용한 것은 3행시가 한국 전통 시가를 대표하는 것으로 판단된 결과일 것이다. 새로운 시가운동이 국민문학의 자리에 오른 양식의 특성을 이용하는 것은 슬기로운 일이다. 그러나 이 경우에도 우리는 창작활동에서 기본교의 하나를 기억하고 있어야 한다. 모든 창작활동에서 형태는 묵수될 것이 아니라 새롭게 해석, 개척되어 나가야 한다. 국민문학파의 전례가 가리키는 바와 같이 3장 6구의 시조가 갖는 큰 틀은 긍정적으로 계승될 수 있다. 그러나 그 틀 속에 새로운 시로서의 호흡과 맥박은 끊임없이 재창조되어야 한다.

  우리는 모처럼 시도되는 諷詩讔 운동이 한국 현대시의 높은 산맥이 되고 푸른 강줄기를 이루어나가기를 희망한다. 이런 소망이 다소간 비판적인 생각을 토로하게 된 셈이다.

■ 시집 평설을 대신해서_諷詩調에 대한 사계의 견해

박진환의 3행 '諷詩調'에 대하여

최원규(충남대 명예교수)

　최근 지속적으로 왕성하게 발표해온 박진환의 삼행시초 '諷詩調'야말로 괄목할만한 한국적 단형시다. 더구나 시대적 상황이 사회적으로 굵직한 이슈를 던져주었던 전변의 정치적 관심이 우리 모두를 끌어들이는 시기와 맞물렸기 때문이기도 하다. 이미 정권 교체에 따른 권력의 갈등에서 겪은 일이지만 대선과정에서 마지막까지 문제가 되었던 BBK 사건, FTA, 숭례문 복원, 대운하 찬반, 광우병 등으로 인한 촛불 시위 범람이 쓰나미처럼 휩쓸고 지나갔으며 아직도 그 여진이 계속되고 있다.
　이렇게 불안한 계절에 시인은 이들의 갈등과 부조리를 외면하고 추상적인 언어를 기반으로 하는 사회적 연대감에서 벗어나 강 건너 불구경만이 순수의 미덕인가. 마땅히 지식인으로 가치판단이나 문화적 선악에 동참, 선도의 언어가 필요해진 것이 너무 당연하다. 하물며 시는 시인끼리 담을 쌓고 그 속에 안주해 있는 모습에서 벗어나 시민과 동참 동행하는 시민의식이 필요하다.

이미 우리 시의 역사 속에서도 한용운, 이육사, 윤동주 그들의 평가에서 볼 수 있듯이 그들의 시에서 우리의 의지와 나라를 걱정하는 애국시가 용솟음치기도 하였다. 그런 점에서 이 시대 박진환의 諷詩調야말로 우리 시단의 중요한 뇌관을 건드린 사건이라고 판단된다.

諷詩調는 삼행이라는 점에서 시조와 같으나 구조나 형태적 특질이 시조의 틀을 벗어났을 뿐만 아니라 어귀나 비유법의 방법을 시조와 달리한다. 한편 화제가 되고 있는 시대적 상황을 직접적인 논의와 평가를 요구하며, 아이러니, 패러독스, 유머로 수용한다. 요컨대 박진환의 '諷詩調'는 업투데이트한 시대적 사회시를 전제한다. 그러므로 그의 '諷詩調'는 작중 인물들의 선행이나 악행의 전제를 제시하며 마지막 행에 이르러서는 개선이나 선과 악의 가치판단의 동참을 요구한다.

박진환의 '諷詩調'는 악과 사의 교정을 위한 화해적 개선이라는 점에서 꼬집고, 비꼬고, 깎아내리고, 비아냥하고 비판, 고발, 폭로를 시의 바탕으로 삼되 마지막 의도는 '순수한 통징'을 감행함으로써 풍자시보다는 한 차원 높은 시적 장치를 갖추고 있다는 점에 주목한다.

박진환은 엄격하거나 거창한 테마를 희극적으로 처리하거나 재미와 멸시, 분노와 냉소의 태도를 환기시킴으로써 그것을 약화시키는 기법을 사용한다. '웃음을 무기로 사용하고 작품의 외부에 존재하는 과녁을 겨냥한다. 그 과녁은 개인적인 일일 수 있고, 어떤 계층이나 제도나 국가나 인류 전체에게까지 할 수 있다'라고 전제한다.

 요컨대 화자가 단정하는 외견상 주장과 속으로 의도하고 있는 의미가 서로 다른 진술을 할 때 그 진술은 태도나 평가를 명백히 표현하지만 그것과 매우 다른 태도나 평가를 함축하고 있는 것을 포함하는 것이 아이러니의 기술이라고 보았을 때 박진환의 '순수한 통징'을 암시한다. 발음이 같고 흡사하지만 의미는 전혀 다른 같은 소리에 다른 의미를 갖는 말들은 때로 읽는 이에게 가치판단의 격정적인 한편으로 기울게 하기보다 그것을 유보하며 역지사지(易地思之)의 공평성을 유발시키고 화해성을 유도한다.

 박진환은 시적인 재담(equivoque)도 있고 때로 언어유희(pun)도 있지만, 그것들은 읽는 이로 하여금 간담이 서늘해지는 경지까지 유발한다. 때로는 '삶 속의 죽음'이나 '쾌락의 고통', '사랑의 증오'들처럼 메타피지컬포에트(Metaphysical poets)들이 사용한 흔적에 영향되었다고 할 수 있으나 박진환의 경우 경고성의 환기에 더 치중함을 볼 수 있다.

 마침내 풍(諷), 시(詩), 조(調) 각개의 문자 의미의 내부를 탐색할 때 모두 언(言) 말씀이 들어있다. 말씀[言]은 글[文]과 구별된다. 글은 논리와 절제를 요구하지만 말[言]은 흘러가는 물과 같이 지형이나 지세에 따라 형태가 변하며 응집한다. 그러므로 흐름의 방향은 같지만 물줄기는 즉흥적이며 당대의 상황에 따라 전변한다.

 말씀[言]은 바람[風]과 절[寺]과 두루할 주(周)를 더하여 동서남북, 종횡무진, 당대를 섭렵한다. 그리하여 박진환의 '諷詩調'는 마침내 세상사의 이야깃거리의 중심부에서 주제할 수 있는 정세의 총화와 전환을 암시한다.

박진환의 諷詩調가 꼭 3행이어야 하는가의 문제에 대하여 신중히 생각해야 한다. 다만 어느 민족이고 그 민족의 정서적 흡인력에 의하여 자연 발생적으로 생겨난 정형적 틀이 있어 왔다. 가령 당시(唐詩)의 4언 또는 7언 절시나 영시의 4행시(quatrain), 이행연귀(couplet), 14행시(sonnet) 모두 각운 구조로 결합된 강약음보격의 시행으로 되어 단일시귀(stanja)의 서정시인데 우리의 고유 문학형태의 시형(시조)들이 3장 6귀의 원칙을 고수한 것은 민족적인 고유성과 기풍(Ethos)에 의한 것이라고 믿는다. 다만 박진환의 경우 꼭 우리의 시조를 의식한 3행시는 아니지만(사실 시조와는 그 정형시로 의미구조의 잣대에 맞지 않음) 정형시로서 규율에 맞는 것이 아닌 자유시로서의 의미를 더욱 확대한다.

외형상 3행시로 처리한 것은 압축과 긴장미의 효과를 살리며 음수율에서 체험할 수 없는 탄력을 보여준다.

그리하여 3행시는 우리에게 낯익고 우리 말의 생태적 관습의 순리에 수용된다. 또한 시의 자연스런 형태의 공감이 일반화되었기에 박진환 삼행시가 우리 시단의 충격파를 더해 간다고 생각된다. 그의 3행 諷詩調의 창출은 우리 시문학사의 새로운 원형을 배가시킨 원동력이 될 것이며, 한편 시적 표현 미학에서 잡다한 외래적 수용의 난맥상을 제압하는 데 주요한 길잡이가 될 것이다.

박진환의 3행 '諷詩調'는 시조(時調)와 동자이의어(同字異義語)로 우리에게 새로운 정형성의 모델을 제시한다. 그러므로 우리 현대시가 지닌 무모한 율격이나 시적 주제의 미숙성 또는 혼미성을 극복하는 데 따른 주제시로서 확실한 언덕이 형성된 셈이다.

■ 시집 평설을 대신해서_諷詩調에 대한 사계의 견해

풍시조 읽기

문효치(전 문협 이사장)

　박진환 시인의 諷詩調를 읽었다　풍시조(諷詩調)라는 낯선 이름에 대하여 저자는 풍자시를 줄여 풍시라 하고 거기에 무슨무슨 투나 태도의 뜻으로 죠(쪼.調)를 붙였노라고 설명하고 있다. 그러니 諷詩調의 본질은 풍자시일 듯하다.
　우선 재미있다. 식상한 이미지들의 나열이나 아니면 거의 산문화 되어버린 요즘의 시들에 입맛을 잃었는데 이 諷詩調는 매우 신선한 재미를 느끼게 해 준다.
　세상은 부조리와 불합리와 부정 불의 등으로 가득 차 있다. 이러한 세태가 우리를 짜증나게 하고 화나게도 한다. 살맛을 잃게 한다. 정말 살맛을 잃게 하는 재미없는 제재를 박진환 시인은 재미있는 시로 만들고 있다.

　핵, 우리도 그간거있어 펑펑터지는 국제특허품 不字標 핵 있어
　　　　불평등·불공평·부조리·부정부패·부동산 투기까지

건들면 폭발하는 순 국산 不字標 핵 있다고, 까불고 있어
—「까불고 있어」전문

    불평등 불공평 부조리 부정부패 부동산 투기 등 우리사회에 만연한 부정적 요소들, 이것들은 가히 우리 사회를 파괴시킬 만한 위력을 가지고 있다. 정말 심각한 문제다. 이런 사항들을 '不字標핵'으로 둘러댄 그 재치가 재미있다. 그래서 이 시를 보면 일단 웃음이 난다, 진짜 핵을 '그깐거'라고 대수롭지 않은 존재로 봄으로써 '不字標' 핵의 위험성을 한껏 고조시켜 놓았다. 내용은 매우 심각한 문제성을 가지고 있지만 표현된 말들은 우리를 재미있게 해 준다.
    '까불고 있어'라는 끝절은 상대방(진짜 핵을 가진 자)에게 눈을 흘기며 짐짓 어깨를 으쓱거리는 모습을 떠올리게 해 준다. 다소 장난기가 보이는 모습을 연상하면서 시인의 재치를 다시 한번 실감케 해 준다.
    이러한 부조리 불합리한 사태를 능란한 솜씨로 비꼬고 농락함으로써 독자들은 후련한 카타르시스를 느낀다. 내가 미처 하지 못한 앙갚음을 대신 갚아 주는 것 같기도 하고 어쩌면 내 심정을 잘 알아주는 것 같기도 하다.
    이 책은 멸시 분노 증오의 정서를, 비꼼 냉소 조소 조롱 역설 등의 언사로 가득 채워 놓았다. 그러나 궁극으로는 교정·교훈의 의지가 숨겨져 있다.

    뭐라구라우, 사람 낳고 돈 낳제 돈 낳고 사람 낳다구라우

> 허허 이 양반 순 구식이네
> 신식으론 돈 낳고 사람 낳제, 사람 낳고 돈 낳고가 아니여
> ―「뭐라구라우」 전문

돈 낳고 사람 낳은 것은 불변의 진리이다. 그러나 신식으로는 돈 낳고 사람 낳았다고 큰소리친다. 그러나 이것은 역설이다. 화자가 진짜로 하고 싶은 말은 이른바 구식인 '사람 낳고 돈 낳다'는 말이다. 이것이 뒤집힌 세상, 전도된 가치에 대해서 일갈하고 꼬집은 것이다. 그리고 그에 대한 반성과 교정을 꿈꾸고 있는 것이다.

삼행으로 압축한 단아한 모습의 시형에도 주목하고 싶다. 말 그대로 촌철살인의 짤막한 말이 감동을 준다. 요즈음 장황한 수다를 늘어놓는 시들이 범람하면서 이렇게 간결한 시들이 그리워진다.

> 나라님 물러나면 낙향하여 통나무집 짓고 시나 쓰며 살겠단 말
> 아무래도 허사같다. 시는 말을 아끼고 줄이는 언어경영인 것을
> 저리 말이 헤퍼서야 어찌 말의 진수에 닿을 수 있을지
> ―「아무래도 허사 같다」 전문

듣기 좋은 수다로 대중들을 현혹하며 실천보다는 말을 앞세우는 정치인을 비꼬며 질타하고 있지만 한 편 짤막한 시론을 엿볼 수 있는 시다. 그렇다. 시는 '말을 아끼고 줄이는 언어경영'인 것이어서 '말이 헤퍼서'는 안 될 일이다.

삼행은 우리의 눈에 익숙하다. 어려서부터 시조를 읽고 배워왔기 때문이다. 물론 시조의 형식에 맞춰 음수율을 조절한 것은 아니지만 그 속에 기승전결의 구조를 가진 것들이 많은 것도 이해하기 쉬운 대목이다.

 지금이 바로 이러한 시들이 필요한 시대인 것 같다. 잡지마다 넘쳐나고 있는 산문조 요설이 시성(詩性)을 잠식하고 있고, 그리고 비꼬고 조롱하고 비난하고 질타해야 될 일들이 많은 세상일수록 그러한 세태를 지적하고 경계하며 교정해야 하기 때문이다. 시가 궁극적으로는 인간을 위하고 옹호하는 것이라면 시가 이러한 일에도 적극 관심을 가져야 할 것으로 생각한다.

■ 시집 평설을 대신해서_諷詩調에 대한 사계의 견해

諷詩調에 나타난 형이상시의 수사법

최규철(시인·문학평론가)

들어가는 말

어느 사회학자는 '농경사회의 삶이 시간 잉여(時間剩餘)의 시대였다면 오늘날과 같은 정보화 사회는 시간 기근(饑饉)의 시대라'했다. 그것은 그 정도로 오늘의 시대가 시간에 쫓기며 살아가는 고속화 시대를 맞이하고 있다는 것이다. 따라서 이러한 고속화 사회에 사는 현대인들의 문학작품에 대한 선호도 역시 장편소설보다는 단편소설을, 장시보다는 단시를 더 선호하는 경향이 있다. 특히 시에 있어서 현대인들의 구미에 맞는 시는 짧으면서도 그 속에 다분한 내용을 함축함으로써 큰 감동을 주는 시라 하겠다. 이런 시대적 요구에 부응하는 시가 바로 박진환 시인이 착안하고 시운동을 전개하고 있는 諷詩調이다.

諷詩調의 기법은 형이상시의 레토릭(rhetoric)과 흡사한 면이 많다. 컨시트의 기발한 지적 놀라움, 서로 상반된 양극화의 결합과 그 조화, 역설과 반어(反語), 시의 순수한 통징을 통한 내적 울분의 해소와 사회 구조악(構造惡)의 개선 등이 바로 그것이다.

특히 3행시의 짧은 글 속에 함축된 내용과 그 여운을 담기 위해서는 압축적이고 생략적인 구문이 필요하다. 따라서 각 행의 전환 및 반전이 빠르게 전개되는 특색이 있다. 이것은 양극화의 긴장이 팽팽할수록 행과 행의 전환속도가 빠르고 생략과 압축의 미학이 더욱 살아난다.

필자는 그동안 지면을 통해서 3. 4회에 걸쳐 언급해온 諷詩調 시학에 대한 이론을 총괄하고 종합하여 주로 諷詩調의 형이상시적 유사성과 레토릭(rhetoric) 기법의 측면에서 접근해 보고자 한다.

1. 諷詩調의 순수한 통징

諷詩調는 일종의 풍자시의 성격을 띤 시라 하겠다. 풍자시의 사전적인 정의는 부정부패와 비리 현상과 모순 등을 다른 사물에 비유하여 폭로와 공격 일변도의 시를 말한다. 즉 풍자시라고 하는 한자가 풍자할 풍(諷) 찌를 자(刺)로 명시한 바와 같이 모든 죄악상을 어떤 사물로 빗대어 찔러 고통을 가하게 하는 일종의 보복성을 뜻하는 성격을 내포하고 있는 시가 대부분이다. 그러나 諷詩調에서 말하는 순수한 통징의 주된 목적은 諷詩調를 통해서 죄의 아픔을 느끼게 할 뿐만 아니라,

뉘우치고 돌이켜 새롭게 변화하게 하는 데 주력하는 시의 기능을 말한다. 다시 말하자면 죄의 부패성에 대해서 단순히 찌르고 고통을 가하게 하는 데 그치는 것이 아니라 메스를 가하고 수술을 함으로써 병을 낫게 하는 데 그 목적이 있음을 말한다.

그러나 여기서 주의 깊게 보아야 할 것은 수술을 가하되 고통을 없애게 하기 위해 마취제를 동시에 투여하는 방법을 취하고 있다는 사실이다. 즉 유머를 통해서 웃음을 주고 즐거움을 줌으로써 그 고언을 달게 받아들이고 소화시킬 수 있는 기능을 지녔다는 것이다. 諷詩調의 통징이야말로 우리의 뇌에서 일종의 모르핀이나 엔도르핀과 같은 호르몬을 분비하게 함으로써 무통수술을 하게 하고 오히려 미묘한 시적 희열을 주게 하는 절묘한 수술비법을 의미하고 있다. 諷詩調의 작가들은 이런 諷詩調의 순수한 통징의 특성을 숙지하고 이러한 순수한 통징의 기능을 살리는 데 노력해야 할 것이다. 諷詩調에서 이러한 순수한 통징이 살아있지 못한다면 그것은 諷詩調로서의 시적 역할을 다한 시라 볼 수가 없다. 諷詩調의 생명이 바로 여기에 있다 할 수 있기 때문이다.

참으로 諷詩調의 순수한 통징이야말로 오늘과 같은 종말론적인 징조를 토로하고 인류의 구원을 갈구하게 하는 시대적 사명의 성격을 띤 시라 하겠다. 현대사회는 갈수록 첨예한 양극화 조성으로 인한 양자구도의 대립상이 심화되고 있다. 오늘날 정치 경제 사회 문화 전반에 걸친 인류사회의 갈등과 분쟁이 바로 이런 극단적인 양극화 현상에서 오는 결과라 하겠다. 그렇다면 현대시가 어느 때까지 이를 외면하고 오히려 음풍농월(吟風弄月)만을 일삼아야 하겠는가. 시가 인생문제로 깊이 들어가서 이런 양극화 문제를 해소하고 하나로 융합하는 화해와 일치의 시학으로 발전해가야 할 것이 아닌가. 그러한 의미에서 諷詩調 운동의 필연성이 강조된다.

더욱이 환경오염으로 인한 생태계의 훼손과 대기오염으로 인한 오존층의 파괴, 그리고 지구 온난화에서 발생하는 엘니뇨현상 등으로 인류의 생존 문제에 심각한 적신호가 켜있다. 이런 각박한 상황에서 탈출하기 위한 녹색시학 운동의 전면에 諷詩調가 자리하고 있음을 알 수 있다.

시인은 예언자적인 예리한 눈을 자지고 미래사회의 변화를 직시하면서 오늘의 잘못된 과오를 지적 감동을 통해서 깨닫게 하는 순수한 통징에 무한한 관심을 쏟아야 한다.

> 세상이 왜 이러나 유행병처럼 자살·자살·자살
> 마음 한 번 고쳐먹으면 살자·살자·살자가 되는데
> 뭐 그리 좋은 거라고 일편단심 자살이람
> ― 박진환의「뭐 그리 좋은 거라고」

한국인의 자살률이 OECD 30개 회원국 가운데 1위를 기록하는 불명예를 안고 있다. 연예계의 인기 스타들과 대기업의 총수들이 잇따라 자살을 하고 심지어 전직 대통령까지도 스스로 목숨을 끊음으로써 사회적 충격이 크다.

박진환 시인의 諷詩調「뭐 그리 좋은 거라고」는 1행의 자살·자살·자살'이라고 하는 부정적인 죽음의 개념과, 2행의 '살자·살자·살자'라고 하는 긍정적인 생명의 개념을 양극구도로 서로 거꾸로 뒤집어 대치해 놓음으로써 기발한 위트와 유머를 돋보이게 한다. 이러한 諷詩調의 기능이야말로 격한 자살충동을 완화시켜 줄 뿐 아니라 생에 대한 강력한 의욕까지도 유발하게 하는 시적 감동을 가능케 한다. 여기서 諷詩調의 풍자 속에 담고 있는 간절한 회심에의 바람이 '마음 한번 고쳐먹으면'이란 말로 표현되고 있다. 이것이 바로 諷詩調가 지닌 순수한 통징의 힘이다.

> 피를 빨아 먹는 모기 잡는데 의견이 분분하다
> 정치가 어떻고 법이 어떻고 대통령이 어떻고
> 입으로 모기 잡나? F킬라를 뿌려야지
> ― 박진환의「입으로 모기 잡나」

이 시는 그 제목부터가 웃음을 터트리게 하는 유머가 있어 마음을 끈다. 이 시 속에 감추어 있는 암시성과 시사성(示唆性)이 모기와 F킬라라고 하는 기발한 메타포를 통해서 큰 감동을 준다. 정계와 법조계의 부패상을 바로잡는, 즉 '피를 빨아 먹는 모기를 잡는데'에는 입으로 하는 설왕설래(說往說來)로써는 근절될 수 없다는 것이다. 특히 수사법 중에서 변화법의 하나인 '입으로 모기잡나?'라고 하는 설의법으로써 F킬라라고 하는 정답을 독자에게 물어 찾아내게 하는 레토릭으로

써 스스로 개혁의지를 촉발하게 하는 순수한 통징이 돋보인
다. 찌르고 자르고 쪼개는 메스질이 가해짐에도 불구하고 뇌
에서 분비되는 모르핀을 통해서 즐거운 마음으로 웃고 수긍
이 가능케 하는 회심과 변혁의 비법이 있다.

2. 諷詩調가 갖는 컨시트의 특색

 형이상시의 컨시트(奇想, conceit)는 형이상시의 특징 중에서
가장 중요한 특징의 하나라 할 수 있다. 외견상 전혀 유사성
이 없거나 상반되고 양극화된 사물이나 상황들을 재치 있고
기발한 방법으로 결합하여 소위 사무엘 존슨(Samuel Johnson)
이 언급한 '부조화의 조화'를 이루게 하는 비유적인 수사법을
말한다.

 그러나 諷詩調에서 보여주는 컨시트의 특색은 형이상시에
서 말하는 그것과는 사뭇 다른 양태의 컨시트를 볼 수 있다.
3행시 구문의 생략적인 특성 때문에 행과 행, 낱말과 낱말,
심지어는 문자와 문자로부터 서로 상반된 사물이나 개념의
명칭과 발음 등을 찾아내고 거기서 특별한 의미성을 유추하
여 또 다른 의미를 창출해내는 언어유희적인 기발한 컨시트
를 선보이고 있다. 이런 관점에서 볼 때 諷詩調의 컨시트는
단순히 두 가지 사물이나 개념을 교묘하게 결합하여 뜻밖의
유사성을 찾는 기존의 형이상시의 컨시트와는 다른 특성을
지니고 있다고 하겠다.

> 대통령 국정평가 잘했다가 44.2%, 못했다가 41.1%
> 막상막하, 정치란 게 그래
> 上 뒤집으면 下 되고, 下 뒤집으면 上 되거든
> ― 박진환의 「物神時代·216」

국민이면 누구나 알게 모르게 다 정치에 젖어 살면서 나름대로의 정치철학, 내지 생활철학을 가지고 있다. 그래서 3행에서 '정치란게 그래'라 토로한다. 이런 지적 깨달음을 풍자적으로 소화시켜 표현하기란 그리 쉬운 일은 아니다. 이런 이유 때문에 민감한 사안을 받아들여 유머로 웃어넘길 수 있고, 감동 받아 깨달음을 갖게 하는 諷詩調의 기법에 주목할 수밖에 없다. 그래서 諷詩調가 지적이며 문화적인 통징을 가져오게 하는 첩경이라 여겨진다.

이 시에서 놀라운 기지의 발산은 2~3행에 있다. '막상막하, 정치란게 그래 / 上 뒤집으면 下 되고, 下 뒤집으면 上 되거든'에서 '막상막하(莫上莫下)'의 上과 下의 문자를 세웠다 뒤집었다 하면서 요동치는 정치판의 불안정성을 꼬집는, 재기(才氣)가 번뜩이는 컨시트를 선보이고 있다. 여기서 다만 上·下라고 하는 양극성의 문자를 가지고 세웠다 뒤집었다 하면서 엉뚱하게 결합한 결론이 「정치란게 그래」로 귀결한다. 이렇게 諷詩調의 컨시트는 동떨어진 개념이나 이미지를 결합하는 데 그치는 것이 아니라, 서로 상반된 단순한 두 개의 문자로써 새로운 제3의 개념을 형성하게 한다. 이런 관점에서

諷詩講의 컨시트는 보다 다양하고 발전된 성격의 것이라 볼 수 있다.

박지성·박주영의 꼴은 오 코리아
OECD국 중 환경평가 맨 꼴찌의 꼴은 어이쿠 코리아
둘 다 꼴은 꼴이다마는 뒤에 꼴은 노꼴만도 못해서
— 박진환의「物神時代·191」

지금 지구촌은 환경오염으로 인해서 점차로 죽어가고 있는 실정인데 우리나라가 OECD국 중에서 환경평가 최하위라 한다. 이 시에서는 이런 실정을 풍자적으로 꼬집고 있는데, 1~2행에서는 축구의 '꼴인'과 환경평가의 '꼴찌'란 서로 유사성이 없는 언어들을 관련 지워 '오 코리아'와 '아이쿠 코리아'라는 서로 반대되는 개념의 언어로 대비시켰고, 3행에서는 꼴찌의 '꼴'을 '노꼴'이라는 상충·상반되는 개념과 연관시킴으로써 '둘다 꼴은 꼴이다마는 뒤엣 꼴은 노꼴만도 못해서'라는 순발력 있는 기지(wit)를 보여준다. 동시에 더 나가서는 축구의 '꼴'과 환경평가 꼴찌라는 '꼴'의 두 글자들을 교모하게 결합한 諷詩講의 컨시트의 진수를 보여주고 있다.

3. 諷詩講의 양극화 기법

또 한 가지 諷詩講에서 가장 두드러지게 나타나는 특징 중의 하나가 양극화 현상이다. 그러기 때문에 諷詩講의 컨시트는 동떨어지고 상반된 가장 먼 거리의 양극성을 폭력적으로 결합하는 과정이나 패러독스와 아이러니의 양면성에서 오는 강한 텐션이 諷詩調로 하여금 그만큼 응축된 의미의 비유가 되게 한다.

>걸핏하면 여·야 율사들 발목잡느니, 발목잡히느니 해쌌는디
>뿌리치고 혼자만 가려고 하니 그러지, 동행해봐, 왜 발목잡나
>잡혀 부러지면 목발신세 못면해, 발목 거꾸로 해봐 목발이지
>　　　　— 박진환의「발목 거꾸로 하면 목발이지」의 전문

분쟁과 불화의 결과가 발목이 목발로 바뀌는 기발한 발상, 곧 생명체를 비생명체로 둔갑시키는 대담한 컨시트의 수사법이 놀라움을 준다. 그 외에도 여·야 율사들, 발목잡느니 발목잡히느니, 발목과 목발 등의 양극화가 이 諷詩調 전면에서 팽팽한 긴장을 조성시켜주고 있다, 거기다가 본래 여·야가 대치하는 정치구도, 그것만으로도 양극의 역학관계를 유지하는 긴장상태인데 여기에 분쟁과 충돌이 생기면 발목이 목발이 되는 더욱더 팽팽한 긴장관계를 촉발한다. 그래서 이 諷詩調는 웃기면서도 여·야가 정치적 협력관계를 잘 유지해야만 나라가 산다는 통징적인 메시지도 담고 있는 시이다.

>악법·악법, 청문회, FTA로 여·야 붙어도 한판 크게 붙겠다
>탓하지 말 것이 싸워야 국회답지 잠잠하면 그게 더 두려워
>　　　마찬가지야, 아이들도 싸움질하면서 크지 않던가

— 박진환의 「아이들도 싸우면서 커」

이 諷詩調는 빈번히 일어나는 국회의원들의 성숙하지 못한 의결과정에서의 난투극을 한 마디로 꼬집은 시이다. 아이들이 싸우면서 커가듯이 국회의원들도 싸우면서 커가야만 하는가 하는 시인의 통탄이 곁들어있는 시이다. 가장 성숙해야 할 국회의원들과 가장 성숙하지 못한 나이인 어린이들의 양극현상을 동류부류로 간주하여 이질성 속의 유사성을 찾는 시인의 기지가 번쩍인다. 여기에는 양극간의 이질성이 유사성으로 바뀌는 과정에서 서로 잡아당기는 강력한 텐션도 드러나 있다. 「싸워야 국회답지」에서는 국회가 싸움판이 되어서야 되겠는가 하는 아이러니의 성격을 띤 레토릭도 있고 국회가 변화되기를 촉구하고 갈망하는 통징도 들어있다.

4. 諷詩調의 구조와 그 전환속도

형이상시에서와 마찬가지로 諷詩調에서도 생략된 구문을 씀으로써 의미의 탄력과 밀도를 더하게 하고, 또한 집약적 표현으로써 시의 단축을 꾀하는 기법을 강조한다. 그 결과 시 전개과정에서 그 전환 속도가 빨라지기 마련이다. 그래서 시의 구조가 3행시로 되어 있고 따라서 행의 길이가 짧으면 짧을수록 생략적 효과가 살아나서 함축성이 있는 시가 된다.

諷詩調는 평시조(平時調)와 같은 초장 중장 종장의 3행 형식의 구조이면서도 3장 6구 12음보의 정형시에 매이지 않은 자유시요, 동시에 평시조보다 더 빠르고 생동감이 있는 기승전결(起承轉結)의 전개가 있다. 따라서 諷詩調의 함축성과 텐션을 살리기 위해서는 될 수 있는 대로 행의 자수(字數)를 줄이고 생략하는 것이 좋다.

> 침묵이 金이라고? 순 구식
> 요즘 세상에선 말 잘해야 출세해
> 신식으론 침묵은 禁이야
> — 박진환의 「침묵은 禁이야」

  1행의 金이 3행에서는 禁으로 바뀐다. 1행에서 침묵은 金이란 말은 구식이요, 3행에서는 침묵이 禁이란 말로 바뀐 것이 신식이라는 것이다. '요즘 세상에선 말 잘해야 출세해'라는 새로운 진리(?)를 발견하고 시대와 더불어 급속히 변하는 처세술의 격세지감을 실토한 시라 하겠다. 또 이 시 속에는 침묵이 금(金)이었던 옛 시대가 참이요 말을 잘해야 출세한다는 현 시대가 잘못된 것이라는 시사성(示唆性)이 들어 있다. 諷詩調가 그 짧은 시로써 현시대의 많은 모순과 부조리를 다 압축하여 표현할 수 있는 것은 오로지 3행시 속에 짧은 행으로 모든 것을 소화시킬 수 있는 수용성(受容性)과 빠른 전환기능을 지탱할 수 있는 메커니즘에서 온 것이다.

> 銅臭에 코피터진 놈이

> 銅醉로 게워내는 주정
> 뭘 쳐다봐, 너나 나나 다를 것이 없는데
> — 박진환의 「物神時代·68」

 이 시는 銅臭와 銅醉를 병치하고 3행에서 '뭘 쳐다봐, 너나 나나 다를 것이 없는데'로 동류화(同類化)시킨 해학적인 기법이 눈을 끈다. 銅臭란 말의 뜻은 돈으로 출세를 하려고 하거나 모든 것을 해결해 보려고 하는 물신주의자들을 낮잡아 하는 말인데 오늘날은 술로써 출세를 하려고 하거나 모든 문제를 해결하려고 하는 銅醉도 많다는 것이다. 銅臭와 銅醉의 내용이 담고 있는 절묘한 조화가 압축되어 이 짧은 諷詩調 한 편을 창구로 하여 오늘의 모든 시대상을 한 눈으로 볼 수 있다.
 그러나 풍조시에서 행의 자수를 줄이고 표현의 생략적인 효과를 극대화하려는 경제적인 언어구사는 아무나 할 수 있는 것이 아니다. 허다한 諷詩調에서 발견할 수 있는 것은 행이 짧으면 그 표현과 의미성도 부실한 경우가 많다는 것이다. 따라서 諷詩調는 자수(字數)를 최소화하면서도 그 함축성을 최대화할 수 있는 기법이야말로 바로 諷詩調의 완성도를 높이는 첩경임을 알게 된다.

맺는 말

 이상과 같이 諷詩調에서 보이는 수사법상의 기법이 형이상시의 그것과 유사한 점이 많다는 것을 알 수 있다. 그러나 그 구조적인 측면에서 볼 때 형이상시보다는 시가 짧고 컨시트도 형이상시보다는 언어유희의 측면에서 독특하고 문자유희의 면에서도 독보적인 경지를 보이고 있는 시라는 것이다. 諷詩調의 대부분이 명확한 양극화 구조로 되어 있고 상반되고 동떨어진 개념이나 사물을 결합하여 부조화의 조화를 이루고 있다. 또한 3행시의 짧은 시로서 생략적이고 압축적인 기법을 통해서 고도의 밀도감을 조성하기 위해 언어와 언어, 행과 행을 교합하여 전개되는 전환속도가 유달리 빠른 것도 그 특징 중의 하나라 하겠다. 이런 시의 특징 때문에 앞으로 諷詩調가 우리나라 문학의 한 장르를 이루고 발전하여 보다 큰 문학성을 발휘하는 날을 기대하여 마지않는다.

조선문학사시인선 955

諷詩調詩集 · 454

시의 복수 · 2

2025년 2월 20일 인쇄
2025년 2월 28일 발행

지은이 / 박진환
발행인 / 박진환
펴낸곳 / 조선문학사
등록번호 / 1-2733
주소 / 03730 서울 서대문구 통일로 389(홍제동)
전화 / 02-730-2255
팩스 / 02-723-9373
E-mail / chosunmh2@daum.net

ISBN 979-11-6354-328-2

정가 10,000원

※ 인지는 저자와 합의 하에 생략
※ 잘못된 책은 서점에서 교환해 드립니다